Outras obras da autora:

As Vozes de Mariana – Romance histórico

Sabe a Malaguetas - Conto

Encomendas: santosdacasa.al@gmail.com

O Universo é como um Espelho

Edição de Autor

Revisão e composição: Santos da Casa, assessoria literária.

Capa: Sara Vilela, Santos da Casa, assessoria literária.

ISBN: 9798741017838

Imprint: Independently published

RITA PISSARRA

O Universo é como um Espelho

Edição de Autor

Dedicado a Melahel, o melhor amigo do Universo.

Imagine o Universo como uma grande bola espelhada. Você vive dentro dessa bola e, vire-se para onde se virar, irá sempre ver o seu reflexo.

Assim funciona o Universo, como um espelho. O que você emana, você recebe, o que você oferece, é o que você pode ter, o que você vibra, é o que ressoa para si e para a sua vida.

Agora imagine que, de dentro de si, por cada poro da sua pele, sai um pó muito fino e sujo. É impossível que o Universo lhe reenvie outra coisa, além de pó, exatamente porque o Universo é como um espelho, que se limita a refletir para si o que você emite.

Para que você comece a receber abundância, é necessário que comece a emitir a energia certa. Por muito que mentalize a abundância a chegar à sua vida, se a energia que você vibra não é compatível com a energia do Universo, você não vai conseguir estabelecer uma ligação, como se, ao sintonizar um rádio, não acertasse com a frequência e só ouvisse ruído.

Todos os livros de auto-ajuda lhe dizem que você atrai aquilo em que foca a sua atenção, que os seus pensamentos criam a sua realidade e isso é a mais absoluta verdade. No entanto, nem todos os livros lhe explicam que não basta pensar para criar.

Um pensamento cria energia, uma palavra sussurrada cria um bocadinho mais de energia, uma palavra bem audível cria ainda mais, um grito, mais... mas quando você grita porque está zangado, ainda que esteja a dizer que quer ser rico, o que o Universo capta não é o seu desejo de enriquecer mas sim a raiva que você está a sentir. É o sentimento que cria a vibração que lhe permite estabelecer uma ligação com o Universo e assim criar uma realidade e isso nem todos os livros lhe explicam.

As leis do Universo vão muito além da Lei da atração e se quer atrair uma nova realidade para a sua vida, tem de percebê-las e usá-las a seu favor.

A mim ninguém me explicou como o fazer e eu tive de percorrer um longo caminho de tentativa e erro para o conseguir. Agora vou contar-lhe como o fiz. Isso implica contar-lhe a minha história, o que não estava nos meus planos porque vou ter de expor outras pessoas, além de mim, mas entendo que é preciso fazê-lo para que você consiga perceber como elevar a sua energia e conseguir conquistar tudo aquilo com que sempre sonhou.

Porque é que decidi fazê-lo? Porque o planeta precisa.

Acredito que se começarmos individualmente a elevar a nossa vibração, ainda que seja para conseguirmos atingir as nossas metas pessoais, sem ambições à escala planetária, aos poucos, todos juntos, elevaremos a vibração do planeta. Comprometo-me a fazer a minha parte, só isso. Se for útil para si, fico feliz.

E agora você pergunta, então e tu tens tudo o que queres?

Não mas sei que tenho precisamente o que preciso para evoluir. Acima de tudo tenho equilíbrio e com isso posso atraiar tudo o que desejar.

E agora você pode dizer que eu tive sorte e eu respondo-lhe que sim, tive e tenho muita sorte porque fui abençoada com o dom de ser feliz. Mas nada me foi dado de mão beijada e é por isso, apenas por isso, para que entenda que a minha sorte e a minha felicidade foram decisões minhas, que eu lhe vou contar a minha história.

E ainda assim, você poderá dizer que o que lhe conto são balelas e eu lhe direi que acredita no que quiser, eu não interfiro no que escolhe acreditar. É uma escolha minha partilhar o que aprendi. É uma escolha sua decidir se a minha experiência é relevante para si. E está tudo bem se não for.

Quando tinha apenas 17 anos conheci um jovem por quem me apaixonei. Ele era meigo, atento e encontrei nele todas as qualidades que precisava para ser feliz. Casámos e vivemos felizes.

Eramos muito jovens mas queríamos ambos ser pais e por isso, ao fim de dois anos decidimos ter um filho.

O tempo foi passando e eu não engravidava. Ao fim de um ano nada tinha mudado e eu comecei a sentir-me muito ansiosa.

Como tínhamos contado a familiares e amigos quais as nossas intenções, começaram a fazer-nos perguntas, algumas vezes desconfortáveis: "Já estás grávida?", "Nunca mais engravidas?" ou "se fosse eu, já estava", foram apenas algumas das frases que ouvimos e que aumentavam mais a ansiedade e, a certa altura alimentaram em mim um sentimento de incapacidade, de culpa, como se eu fosse a responsável por não ser fértil.

Procurámos ajuda médica e começámos a fazer exames, que revelaram que eu tinha as trompas obstruídas. Já tínhamos feito tratamentos de fertilidade, que não podiam funcionar porque os óvulos não conseguiam passar pelas trompas de falópio.

Foram cinco anos de frustração, de tratamentos, de expectativas frustradas todos os meses. Lembro-me de chorar cada vez que menstruava. Foram anos de muito desgaste emocional mas, apesar disso, eu acreditava que iria ser mãe e incluía os meus futuros filhos nos planos que fazia.

Na altura nunca tinha ouvido falar na Lei da Atração nem em nenhuma Lei do Universo e era de forma inconsciente que eu emitia uma mensagem positiva ao Universo. Eu realmente acreditava que ia ser mãe, até porque se não o conseguisse de forma biológica, estava decidida a adotar e isso não era um problema. O meu lema era (e é) que há filhos que nascem da barriga e filhos que nascem do coração e portanto, na minha cabeça estava claro e decidido que eu iria ser mãe, fosse de que forma fosse.

Mas o facto de pensar assim não me libertava da ansiedade que sentia. Eu queria muito ser mãe.

Um dia tive uma apendicite aguda, fui operada e quando voltei à consulta de infertilidade, informaram-me que havia uma vaga para fertilização artificial dali a um mês. Sem que ninguém o esperasse, recusei essa vaga e aceitei uma outra para uns meses depois, pensando que precisaria de uma anestesia geral e que, tendo tomado uma recentemente, seria preferível esperar. Ainda bem que o fiz, estava grávida!

O dia em que descobri que ia ser mãe foi um dos dias mais felizes da minha vida. Não consigo descrever o que senti, não consigo explicar a emoção gigante que senti; a gratidão era imensurável.

A minha bebé nasceu prematura, depois de um parto provocado por um médico negligente mas era saudável.

Este foi o primeiro milagre que me foi oferecido pelo Universo. Ainda hoje, quando o recordo, sinto uma emoção enorme e invade-me tanta gratidão que nem mil anos poderão fazer desaparecer.

Dois anos depois, sem tratamentos, voltei a engravidar e nasceu a minha segunda filha.

Depois disso, apesar de durante mais de 15 anos não ter tomado nenhum contracetivo, não voltei a engravidar. O meu desejo estava realizado, tal como eu tinha pedido ao Universo e a minha infertilidade não tinha sido resolvida.

As meninas cresciam saudáveis e tínhamos uma vida boa. A família crescera e tínhamos comprado uma casa grande, eu tinha um bom trabalho, gostava muito do que fazia, ganhava bastante acima da média, era feliz no meu casamento e não me faltava nada. Era, portanto feliz. Apesar disso queixava-me bastante, de tudo, para ser franca. Queixava-me do cansaço, da falta de tempo, das imperfeições do meu marido, do que corria mal no trabalho, das pessoas que me rodeavam.

Como seria de esperar, o Universo recebeu a mensagem de que eu não estava satisfeita e começou a tirar-me coisas.

O meu processo de perda começou em Dezembro de 2002, com a morte da minha avó, que era a minha melhor amiga e o meu suporte, que era a pessoa que estava sempre pronta para me apoiar. Dois ou três meses depois perdi a minha empresa, fiquei sem trabalho, sem ordenado e cheia de dívidas. Tive de pôr a casa à venda porque as taxas de juro dispararam e, se já não tinha dinheiro para pagar a prestação, quando esta quase duplicou, tornou-se absolutamente insustentável. Por fim, em Agosto perdi o meu marido, que um dia de manhã me disse que me amava e à noite fez as malas e saíu de casa. Em oito meses perdi praticamente tudo.

Fiquei sozinha, tão sozinha que tive momentos em que senti que iria enlouquecer. Mas eu não podia enlouquecer, tinha as minhas filhas, uma com dois anos e outra com cinco, que precisavam de mim. Mais, tinha a obrigação de lhes proporcionar um ambiente equilibrado e feliz, para que pudessem crescer saudáveis. Mas como, se eu própria estava completamente desequilibrada?

Eu tinha de reagir mas não sabia como. Sentia-me tão perdida, tão desorientada, que ainda hoje me pergunto como consegui arranjar forças para me levantar a cada manhã. Bem, isto não é bem verdade, eu sei exatamente onde fui arranjar forças. Já lhe conto.

Lembro-me de falar com a minha médica e dela sugerir que tomasse antidepressivos, que recusei. Queria estar no poder de todas as minhas faculdades para educar as minhas filhas, queria ter energia para brincar com elas, não queria encharcar-me em medicação, nem andar sonolenta.

Abro aqui um parêntises para dizer que não estou a defender que as pessoas não devem tomar medicação de suporte, quando precisam. A depressão é um assunto sério e os antidepressivos servem para ajudar. Eu tomei a decisão de não os tomar porque entendi que teria como encontrar outras armas para superar aquela fase. Nem todas as pessoas o conseguem e isso não tem nada de errado.

Comecei então uma busca por alternativas. Não me sentia bem, tinha muitas crises de choro, muitas enxaquecas, quebras de tensão e muitas vezes pensei que não teria forças para continuar.

Porque gosto de ler e tenho o hábito de pesquisar tudo e mais alguma coisa, comecei a ler sobre terapias alternativas mas eu não tinha dinheiro para as pagar. Teria de encontrar as respostas sozinha. Li tudo o que consegui sobre depressão e superação, algumas coisas pareciam nem sequer fazer sentido para mim e todas as que faziam sentido apontavam para uma uma única solução: procurar as respostas dentro de mim!

Dentro de mim?? Sério? Como é que uma pessoa destruída, deprimida, sem recursos, sem energia, sem motivação, com dívidas, sem apoio, encontra respostas dentro de si? Eu olhava para o Céu e perguntava: "Como é que queres que

eu faça isto? Como é que achas que vou conseguir?".
Zanguei-me tanto com Deus!

Quatro meses depois do meu marido me ter deixado
comecei a meditar. Não sabia como o fazer, foi um caminho
que desbravei sozinha, tentando, desistindo, voltando a
tentar.

Eu lia sobre meditação e na teoria aquilo funcionava mas
na prática era tão difícil. Sentava-me, tentava concentrar-
me e imediatamente a minha mente e o meu corpo eram
dominados por medos, por dúvidas, por tensão.

Tinha de me acalmar, eu sabia isso, só não sabia como
chegar lá. Mas sou teimosa e acredito que não existe nada
impossível. Persisti, insisti, esforcei-me mais ainda, todos
os dias um bocadinho mais.

Comecei a obrigar-me a ficar sentada, em posição
meditativa por determinado tempo, que eu definia e disse
ao meu cérebro que, mandasse ele os pensamentos que
mandasse, eu iria ficar ali quieta, sem me mexer.
Funcionou! O cérebro recebeu a mensagem e um dia eu
comecei a ter momentos em que conseguia acalmar o corpo
e a mente.

Nas minhas tentativas frustradas para meditar, entre
pensamentos tenebrosos e medos (vejo hoje) infundados,
comecei a abrir espaço para falar com Deus e perguntava-
Lhe " O que é que eu faço agora?"

Poucos dias depois, no Natal, recebi da minha mãe algum
dinheiro. Precisava tanto dele para pagar contas mas decidi

que o gastaria num presente para mim e essa foi uma decisão inspirada, que me salvou a vida.

Numa tarde em que as meninas estavam com o pai, passeando por uma livraria, dei de caras com três livros, O Nosso Anjo da guarda existe, de Haniel, O poder dos Arcanjos, também de Haziel e Como Obter o que Você Quer e Apreciar o que Tem, de John Gray. Olhei para os livros, fiz contas ao dinheiro que tinha e saí da livraria de mãos vazias, eram muito caros.

Andei às voltas no centro comercial, olhando as montras coloridas, sentindo que toda a minha vida estava a passar-se a preto e branco. Queria sair dali mas não conseguia, como se uma força me impedisse de o fazer. Passei pela montra da livraria, uma e outra vez, recusando sempre o impulso de comprar aqueles livros, que eu queria mas que não podia pagar.

Depois de algum tempo acabei por entrar, sentia que precisava levar aqueles livros para casa, que ali estava um caminho. Não foi sem culpa que os comprei. Li-os num ápice, como quem engole uma sobremesa deliciosa.

Comecei a praticar os exercícios que lá estavam descritos e em poucos dias sentia-me renovada, tanto que comecei a fazer afirmações de poder e a acreditar nelas: "Ele vai voltar", "Ele ama-me", "vou vender esta casa", "Vou alugar a casa que eu quero", "Vou pagar todas as dívidas", "Vou resolver todos os meus problemas", "Eu consigo", afirmava alto, às vezes tão alto que parecia que estava aos gritos.

Quem me pudesse ver nesses momentos, diria que estava louca. Não estava, estava era a tentar não enlouquecer.

É claro, nos primeiros dias as afirmações soavam-me estranhas. Eu fazia as afirmações de forma consciente mas o subconsciente não as aceitava. Havia sempre pensamentos negativos na minha cabeça, que teimavam em minar as minhas intenções. Não desisti. Repeti as afirmações tantas vezes que o cérebro começou a aceitá-las e deixou de me enviar pensamentos negativos.

Além das afirmações, meditava sempre que conseguia. Na maior parte das vezes não conseguia concentrar-me, nem relaxar. A realidade era demasiado dura para que eu me abstraísse.

Aquela ideia de que em meditação temos de esvaziar completamente a mente comigo não funcionava porque a minha mente está sempre em ebulição e eu acredito que as mulheres, muito mais do que os homens, não conseguem atingir esse estado mental, de total ausência de pensamentos. Então eu, na impossibilidade de não pensar em nada, comecei a dirigir os meus pensamentos para os resultados que eu queria atingir. Imaginação eu tenho e precisava criar uma realidade paralela, um lugar só meu onde fosse feliz, onde eu não estivesse a sofrer. Só havia um lugar possível para isso acontecer: a minha cabeça.

Comecei então a construir histórias: imaginava-me feliz, ao lado do meu marido e das minhas filhas, na casa onde eu queria morar, imaginava-me a trabalhar, cheia de energia, a pagar todas as contas, a saldar todas as dívidas.

Mais do que pensar no que eu queria, eu consegui, sem a consciência do que estava a fazer, sentir. E este é o segredo, **sentir.** O Universo não ouve, o Universo **Sente** e só responde aos nossos desejos e satisfaz as nossas aspirações quando não nos limitamos a desejar, quando sentimos que já temos, quando vibramos na energia da abundância.

Mas isto não é tão fácil de fazer como de dizer, bem sei. Isto é dificílimo até porque é muito fácil boicotarmo-nos e daí a transformarmos o sonho em desilusão é um passo, eventualmente mais penoso do que os problemas que já estamos a viver.

Eu senti que não tinha nada a perder. Na verdade, o único sítio onde me sentia feliz era na minha imaginação. Precisava daquilo para sobreviver. Então comecei a sonhar acordada sempre que conseguia: antes de dormir, ao acordar, enquanto fazia uma pausa para beber café, quando levava as meninas ao parque, enquanto cozinhava ou limpava a casa... sempre!

Nos meus sonhos eu imaginava tudo ao pomenor:o tempo que estava, os sítios onde nos encontrávamos, os sorrisos, os abraços, as palavras de reconciliação. Tudo, como se fosse um filme a passar-se dentro da minha cabeça.

À força de tanto criar histórias, o meu cérebro começou a aceitar aquilo como realidade e eu comecei a sentir... eu sentia cada abraço, sentia cada palavra, sentia ... e quanto mais sentia, mais me esforçava por sentir porque precisava sentir para matar saudades.

Eu já não sabia se estava sã ou se tinha enlouquecido mas não me importava.

E se no início eu não conseguia relaxar, com a insistência, chegar ao estado de relaxamento que precisava para sentir o que queria viver, tornou-se quase instantâneo. Eu vibrava na energia certa e em duas semanas a minha realidade começou a mudar: o meu marido voltou, a casa vendeu-se, aluguei a casa que eu queria (que chegou a estar apalavrada a outras pessoas), comecei a ter trabalho e a ganhar dinheiro suficiente para pagar as contas, paguei dívidas e voltei a ser feliz, desta vez dando valor a tudo o que o Universo me estava a oferecer.

Isto aconteceu-me realmente, os problemas resolveram-se em poucos dias, um a seguir ao outro! E isto foi um milagre. Mas os milagres acontecem todos os dias!

O tempo foi passando e eu deixei de ter disposição para meditar. Mas claro, meditar para mim era sonhar acordada e eu já não precisava de o fazer porque tinha conseguido tudo o que queria.

Quando voltei a precisar de ajuda, já não consegui os mesmos resultados. Sentava-me, tentava relaxar, ficava ali parada, tentando esvaziar a mente mas não sentia... e isso quer dizer que não enviava a vibração certa para o Universo.

Passaram-se anos. Nunca deixei de meditar e consegui até alguns bons resultados: passei a ser paciente, deixei de me queixar tanto, comecei a ter melhor feitio mas a inconstância, a falta de dedicação e a falta de vibração fizeram com que eu deixasse de atingir o tal "estado" necessário para fazer acontecer. Apesar disso ficou cá dentro a semente, a certeza de que estou ligada ao Universo e a certeza de que eu tenho o poder de fazer acontecer.

Nas voltas da vida procurei outros caminhos e meditar deixou de ser tão importante e apesar de sempre ter tentado evoluir espiritualmente, apesar de ter tentado sempre tornar-me melhor ser humano, a determinada altura fiz escolhas erradas e, sem perceber voltei a perder o equilíbrio (e com isso, fui novamente perdendo o resto).

Em 2009 fui viver para Angola, tentando encontrar um caminho novo. Saí de lá oito meses depois, com a ajuda da minha mãe e de uma amiga, com uma mão à frente e outra atrás. Agarradas a mim as minhas filhas.

Entretanto tinha deixado a casa, que eu tanto gostava e tive de começar tudo do zero... outra vez.

Esse ano de 2009 foi dos piores da minha vida. Perdi praticamente todos os amigos, que me acusavam de coisas que nunca fiz. Sentia-me desgastada, sem forças para continuar e precisava exorcizar alguns fantasmas e foi nessa tentativa de me reconstruir que, no ano seguinte comecei a escrever o meu primeiro romance.

Eu lembro-me de querer ser escritora desde o tempo em que ainda nem sabia escrever mas foi só em 2010 que decidi fazê-lo. Nesse ano fui tanto à biblioteca que já era conhecida. Não tinha dinheiro para comprar os livros que precisava para a minha pesquisa e por isso, não fosse a biblioteca municipal e a internet, que é uma ferramenta maravilhosa, não teria sido possível fazer o levantamento exaustivo que fiz. Durante 15 meses lia muito e escrevia sem parar.

O processo criativo recuperou, de alguma forma a minha alegria e a minha vontade de viver. Dessa fase recordo o esforço enorme que o pai das minhas filhas fez para me apoiar. A ele devo, entre outras coisas, ter conseguido acabar o meu primeiro livro.

Escrevi um livro bom e convenci-me que seria bem recebido pelas editoras mas não foi sequer considerado por nenhuma. Nem se deram ao trabalho de o abrir, nem se davam ao trabalho de me responder, ainda que fosse para me dizer "Não" e eu comecei a entristecer. O meu sonho de ser escritora escorria-me entre os dedos como areia da praia e eu não sabia como dar a volta à situação.

Poderia ter tentado logo uma edição de autor, poderia ter feito tantas coisas que não fiz. Não me sentia preparada e, apesar de ter tudo dentro de mim para encontrar as soluções, permiti que a tristeza e a desilusão fossem minando a minha mente.

A par disto comecei a ter cada vez menos trabalho na área em que trabalhava há mais de 20 anos, o dinheiro não chegava para as contas e muitas vezes não chegou para ir ao supermercado. Nunca passei fome, é verdade mas isso é porque tive a humildade de pedir ajuda e tive a sorte de ter quem me ajudasse. Mas custava-me tanto pedir. Não consigo contar as vezes que tive de dizer não às minhas filhas: "Não, não te posso comprar uma pastilha"... E elas, que percebiam que havia pouco, quase não pediam nada.

O desejo de publicar As Vozes de Mariana era muito grande. Eu sabia que escrevia bem, que os dados históricos eram precisos, que a história era bonita mas, fizesse o que fizesse, nenhuma editora o quis. Entre tentativas de me publicar e decidir publicar-me de forma independente, passaram-se 7 anos.

Em 2014 comecei a escrever outro livro, num estilo bem diferente, mais como exercício do que com a intenção de o publicar. Continuava a trabalhar como free lancer mas o trabalho era cada vez menos e a dada altura comecei a trabalhar na área da estética, apoiada pela minha cunhada, que me ensinou tudo o que eu quis aprender e ainda permitia que eu usasse o tempo livre para escrever. Por lá andei uns tempos mas sentia-me cada vez mais infeliz. Não gostava do que fazia e sentia que a vida era muito injusta, por eu ser obrigada a estar ali, quando eu sentia que tinha nascido para escrever.

Eu nem percebia que a vibração que estava a enviar ao Universo era muito negativa, que me limitava a emanar ressentimento e angústia, que pouco agradecia as bênçãos que recebia todos os dias.

Em Junho desse ano, com duas filhas adolescentes, uma carência financeira brutal e uma insatisfação absoluta com o rumo que a minha vida tinha tomado, decidi aceitar um trabalho a limpar escritórios. Levantava-me às 5 horas da manhã, fazia um primeiro turno até às 9 horas, ia para o salão de beleza, escrevia o que conseguia e ao fim da tarde voltava às limpezas, até às 21 horas. Foi aí que me senti descriminada, pela primeira vez.

Naqueles escritórios conheci pessoas extraordinárias, mulheres interessantes, com histórias de vida sofridas, que não desistem apesar de não serem olhadas, nem respeitadas, apenas e só por serem empregadas de limpeza.

Vou alongar-me um bocadinho aqui para vos pedir que reflitam. Eu fui empregada de limpeza e se calhar por isso (e apenas por isso) alguns vão perder o interesse em ler o que escrevo. Mas eu não escrevo pior por limpar uma retrete, nem limpo pior a retrete porque também escrevo. O estigma contra os mais vulneráveis é tão grande! Ainda hoje, se eu disser que sou mulher a dias, não sou lida porque as pessoas (há sempre exceções, claro) presumem que não posso escrever bem, sem mesmo lerem uma linha do que escrevi apenas porque realizo um trabalho que é considerado "menor".

Eu escrevo e leio, certamente mais do que muitas das pessoas que trabalham naquele edifício de escritórios. E ainda que eu fosse analfabeta, como o era a minha avó e como o são muitas pessoas que não tiveram a oportunidade de ir à escola, que direito têm as pessoas de tratar mal quem os serve, o que os leva a sentirem-se superiores? Eu limpava o que eles sujavam e muitos deles passavam por mim sem sequer me dizer bom dia, viravam a cara quando se tinham de cruzar comigo num corredor, prendiam a respiração antes de eu passar, para não terem de respirar o mesmo ar que eu, recusavam-se a andar comigo no elevador. Isto é verdade! Isto aconteceu comigo! Isto acontece todos os dias com centenas de pessoas!

A descriminação, seja de que tipo for, é uma doença e as doenças têm de ser tratadas. A Rita mulher de limpeza não vale menos do que a Rita escritora porque se a Rita escritora vos satisafaz as necessidades da alma, quando a gostam de ler, a Rita mulher de limpeza satisfaz-vos necessidades do corpo por vos tornar a vida mais confortável.

Enquanto não nos consciencializarmos de que ninguém é superior a ninguém, enquanto não entendermos que somos mais felizes todos juntos, enquanto não valorizarmos o trabalho do outro, enquanto continuarmos a avaliar pelas aparências e a julgar gratuitamente, enquanto continuarmos a passar pelas mulheres de limpeza e pelos porteiros e por todos os que consideramos inferiores e os tratarmos como se fossem transparentes, estamos a perder a oportunidade de evoluir enquanto seres humanos e de conhecer pessoas maravilhosas.

Mas sabem o pior? Eu era a primeira a ter uma vergonha enorme em ser empregada de limpeza, quando devia orgulhar-me do que fazia porque o fazia bem feito! Era eu que vibrava vergonha. Esperava receber o quê? O Universo é como um espelho!

Eu só pensava em sair dali. Mais, eu sentia, com toda a energia, revolta por estar ali. Sentia e emanava uma profunda infelicidade e um desejo enorme de me libertar daquele trabalho.

Não consegui perceber que estava a emitir a energia errada e a atrair coisas más para a minha vida. Não me dei conta que tinha uma lição para aprender (há sempre uma lição a aprender). Não tive a grandeza de agradecer a quem esteve ao meu lado.

Eu devia ter aprendido algumas coisas, para depois poder evoluir mas não, limitei-me a sentir-me injustiçada, gastei todas as minhas energias a vitimizar-me.

Naqueles meses deveria ter percebido, sem necessidade da aprovação de ninguém, que estava a fazer um trabalho válido e útil para a minha família. Sem me dar conta, eu vibrava apenas a vontade de sair dali e a infelicidade de fazer aquele trabalho.

Então, quando eu pensava que as coisas não podiam piorar, o Universo fez-me a vontade e tirou-me daquele trabalho. Uma das minhas filhas, de apenas 17 anos, caiu num buraco, a 3 metros de altura e fez uma fratura grave na coluna lombar. As semanas seguintes foram passadas dentro de um hospital.

E eu poderia ter perdido o Sul e o Norte, poderia ter-me ido completamente abaixo, mas não. Curiosamente, não.

Naquele momento eu tirei de dentro de mim uma força que nem conhecia e enchi-me da certeza que ela ia ficar bem.

No dia em que a minha filha caíu, eu tinha permitido que fosse sair com os amigos, depois do jantar. Duas horas depois recebi uma chamada, de um dos amigos, que se limitou a dizer que ela tinha caído. Perguntei-lhe se ela estava bem e ele disse que sim, apesar da queda ter sido grande.

Confesso que na altura não tive a mínima noção da dimensão do acidente e fui, com alguma tranquilidade ter com eles. Os miúdos caem, fazem disparates e isso faz parte.

Quando eu e o pai da minha filha chegámos ao local, os amigos tinham-na transportado para um lugar mais plano, apesar dela dizer que sentia as pernas dormentes e dela ter caido de três metros de altura em posição fetal, batendo com a bacia no chão de cimento.

Eu não tive a lucidez de perceber a gravidade da situação mas o pai dela teve e chamou uma ambulância, que a transportou imobilizada para o hospital de referência.

Os cuidados no transporte e na imobilização fizeram-nos perceber, a mim e a ela, que talvez a situação fosse grave. A minha filha não conseguia andar, não sentia parte do corpo mas sentia dores fortes nos pés, onde a sensibilidade era tanta, que não suportava que lhe colocassem um lençol em cima. Eu, por falta de conhecimento acreditei que esse seria um bom sinal. Estava enganada.

Acompanhei-a sempre porque ela era menor e à medida que o tempo passava, ia-me dando conta da gravidade da situação.

Lembro-me da menina deitada na maca, completamente imobilizada, com os olhos fixos em mim, que estava em pé, atrás dela, me perguntar; "Mãe, vou deixar de andar?". Os olhos dela transpareciam tanto medo da minha resposta e eu, que tenho por princípio nunca mentir e nunca esconder nada às minhas filhas, respondi, sem qualquer tipo de hesitação, aquilo que estava a sentir: "Não, meu amor. Não te preocupes, não vais deixar de andar".

Como é que se faz uma afirmação destas a um filho, correndo o risco dele não voltar a confiar em ti, se tu estiveres errado? Não sei. Não tive medo. Invadiu-me uma certeza de que ela iria ficar bem e limitei-me a dizer-lhe o que estava a sentir.

Este momento vai ficar para sempre gravado na minha memória. Muitas vezes me perguntei o que teria acontecido à nossa relação se ela não tivesse recuperado mas eu sei que a minha convicção e as minhas palavras fizeram a diferença porque ela, que confia cegamente em mim, que sabe que a mãe não concorda com tudo mas não mente, que sabe que a mãe é dura quando tem de ser mas que a ama, aceitou o que lhe disse como a Verdade e a partir desse momento, não duvidou uma única vez da sua recuperação, nem mesmo quando os médicos lhe disseram o contrário.

Depois de fazer exames, percebeu-se que havia uma fratura. O sítio era mau e era preciso transferi-la e operá-la de urgência.

A transferência fez-se com todos os cuidados e 24 horas depois da queda ela entrava no bloco cirúrgico. Foi a primeira vez que a deixei sozinha e foi quando decidi fazer a única coisa que estava ao meu alcance fazer: pedir aos meus amigos que rezassem.

Os meus amigos não só rezaram, como pediram aos seus amigos e aos amigos dos amigos que o fizessem também. Durante as horas em que ela esteve a ser operada, amigos, conhecidos, desconhecidos, crentes e não crentes, terapeutas e leigos, católicos, protestantes, umbandistas e ateus uniram-se numa corrente de orações, pedidos, intenções, promessas,tratamentos à distância e rituais por ela.

O Céu é só um e o amor é a maior energia do Universo.

A energia emanada era tão forte, que não havia como negá-la. Sentia-se e nessas horas, em que a minha menina estava nas mãos dos únicos que neste plano a podiam salvar, noutro plano estava a ser amada de uma forma que eu, apesar do amor incondicional que lhe tenho, nunca seria capaz, se estivesse sozinha.

Nessas horas aprendi o verdadeiro significado da palavra gratidão e percebi o que estamos cá todos a fazer.

Uma semana depois de ser operada e de termos recebido um mau prognóstico, a minha filha teve autorização para passar o fim de semana a casa. Estava completamente dependente de nós mas tinha em si uma determinação e uma força que eu não lhe conhecia.

Depois de outra semana no hospital, voltou para casa e dias depois foi internada numa clínica de reabilitação.

Não vos vou contar pormenores, por respeito a ela. Vou só dizer-vos que um mês após o acidente, a minha filha teve alta hospitalar e voltou a casa pelo seu pé. Os médicos chamaram-lhe milagre da medicina.

As costas da minha menina parecem um mapa, das cicatrizes que a marcam, de alto a baixo. Quando sugeri que fizesse uma tatuagem, respondeu-me que não, que aquelas são as marcas da vitória!

Nesse mês evoluí mais como ser humano do que tinha conseguido durante a vida inteira. Aprendi que tudo é possível e que milagres acontecem, todos os dias e que é preciso agradecer todas as bençãos que recebemos.

Apesar da recuperação extraordinária da minha filha e de ter entendido o que significa ter fé, não foi nessa altura que percebi o que é a felicidade.

O dinheiro era tão curto que eu decidi deixar a minha carreira de lado. Tinha trabalhado mais de 20 anos em estudos de mercado mas já não ganhava, sequer para pagar a renda da casa. Comecei a procurar outra coisa para fazer e muitas portas se fecharam nessa altura. Apesar de ter capacidade para fazer muitas coisas, tinha algumas coisas a aprender no plano espiritual.

Aceitei um trabalho como cuidadora, que ainda faço e foi aí que aprendi que para evoluirmos, temos de nos doar aos outros.

Aprendi muitas outras coisas, vivi outras perdas mas não me parece necessário contar-vos o meu percurso, desde essa altura. Quero apenas dizer-vos, porque acho relevante, que a dada altura nem eu, nem o pai das minhas filhas tinhamos energia para continuar o nosso caminho juntos e que ao fim de 25 anos de casados, apesar de nos unir um grande amor, divorciámo-nos.

Não sei se isto foi consciente mas eu percebi que estávamos a vibrar em frequências diferentes. Queríamos coisas diferentes da vida e deixou de fazer sentido continuarmos juntos.

Pode parecer simples contado em meia dúzia de palavras mas não foi fácil para nenhum dos dois. Foi o que tinha de ser para que cada um de nós pudesse continuar o seu caminho evolutivo.

Não o deixei de amar. Não o desejo mas amá-lo-ei sempre, como o grande companheiro que foi, de forma tão incondicional, que espero, do fundo do coração que ele seja feliz. O amor, na minha perspetiva é isto, abrires mão para que o outro possa ser feliz. Aceitar as decisões do outro e desejar-lhe o melhor.

Da primeira vez que nos separámos, eu mentalizei que ele voltava para mim e que voltávamos a ser felizes e foi isso que aconteceu. No entanto, nessa altura eu não sabia mas estava a violar algumas Leis do Universo e com isso, eventualmente nos tenha condenado a separarmo-nos um dia.

Eu deveria ter pedido que ambos encontrássemos equilíbrio e felicidade. Se ainda tivessemos um caminho a percorrer juntos, ele voltaria, caso contrário eu acabaria por encontrar alguém compatível com a minha energia, que me soubesse amar como eu merecia. E ele também.

Não duvide que há sempre caminho, há sempre pessoas novas para conhecer e pessoas fantásticas para amar. Não se limite nem limite ninguém. Viva e deixe viver. Vibre amor, ainda que a felicidade do outro não lhe pareça, no imediato ser a sua.

Acabei por descobrir a felicidade quando decidi (porque foi uma escolha) seguir as Leis do Universo e vibrar positividade.

Sobre mim e sobre a minha vida haveria muito para contar, se essa fosse a minha intenção com este livro. Poderia falar-lhe de insucessos, de alguns abandonos, de uma infância cheia de percalços e ausências, de abusos e frustrações e de todas as coisas menos boas que tive de superar mas eu não permito que o passado me persiga.

Escolhi transformar o infortúnio em lição de vida e seguir em frente, com coragem, confiança e fé.

Eu tenho muita sorte porque sou uma alma feliz. Mas se isso é verdade, também é certo que o é, acima de tudo porque decidi sê-lo. Tive de me reconstruir muitas vezes e decidi que queria tornar-me uma pessoa melhor, todos os dias da minha vida.

Hoje sei que o que somos, o que fazemos com a nossa vida, os caminhos que percorremos e a forma como nos tratamos, a nós e aos outros, são decisões nossas e que é desperdício de energia culpar os outros pelo mal que nos acontece.

Eu escolhi seguir o caminho do amor, que eu aprendi aos tropeções.

Aprendi que, quanto mais damos, mais o Universo retribui. Dou, sem pensar no merecimento porque o que estou a dar aos outros, estou na verdade a dar a mim própria.

Foram tantas as lições que aprendi por dar de mim a quem, eventualmente não merecia. Mas eu entendo que não me cabe a mim julgar o merecimento de ninguém, cabe-me sim fazer sempre o melhor que sei e que posso para tornar melhor a vida das pessoas que me rodeiam.

Aprendi que ajudar nem sempre é dar o que os outros querem e foi o Universo que mo ensinou, de todas as vezes que não me fez a vontade. Não sei quantificar as vezes que pedi dinheiro e o Universo me ofereceu uma nova habilidade, que pedi amigos e o Universo me enviou tempo para estar a sós comigo, que pedi uma solução rápida e o universo me enviou um trabalho forçado, que pedi um amor e o Universo me enviou uma nova paisagem. Coube-me a mim reconhecer as bençãos que estava a receber e sentir-me grata.

Eu apenas posso dizer-lhe quais os passos que pode escolher dar para encontrar a abundância mas não posso caminhar por si. E se o tentasse fazer, estaria a vedar-lhe o acesso ao principal, ao crescimento, que é o caminho até chegar lá. Atingir as suas metas não é mais importante do que tudo o que pode aprender no caminho, se quiser.

Até agora, durante a minha caminhada nesta vida eu aprendi que amar não significa dizer sempre SIM.

Aprendi a dizer NÃO. O NÂO é uma resposta válida, que mostra muito respeito por mim e pelos outros.

Não é necessário ser rude para dizer NÂO.

Eu tenho o direito a tomar as minhas decisões e esse direito foi-me concedido pelo Universo quando criou o livre arbítrio. Considero uma enorme falta de respeito quando alguém me tenta manipular, quando me querem obrigar a acatar uma decisão que não vai ao encontro do que sinto ser o melhor para mim.

Quando a minha recusa não é entendida, não a transformo em SIM para agradar. Eu assumo as minhas decisões e vivo com as consequências das minhas escolhas. Claro que tenho de aceitar os NÃOS dos outros, nem faria sentido de outra maneira.

Muitas pessoas me dizem que não conseguem dizer NÂO, principalmente em relações amorosas, porque têm medo de perder a outra pessoa. Eu respondo que o medo é o contrário do amor e lembro-as que nós atraimos sempre o que mais tememos.

Não tenha medo e quando o sentir, enfrente-o. O medo pode ser útil como mecanismo de defesa, é certo mas enfrente o seu medo, enfrente os seus fantasmas e se não conseguir fazê-lo sozinho, peça ajuda.

Também aprendi a aceitar.

Quando não consigo mudar uma situação, aceito-a, dói menos.

Acredito que tudo tem um propósito e que, mais cedo ou mais tarde, tudo vai fazer sentido. Eu não sou dona da razão (nem quero ser, estou aqui para aprender) e não posso, nem quero controlar tudo.

Frente a uma situação que me limita, medito e tento perceber se posso fazer alguma coisa para a mudar. Mudá-la implica interferir com o livre arbítrio dos outros? Então não o faço. Já tentei mudar a situação e não resultou? Tentei outras perspetivas, outros caminhos, outras abordagens e mesmo assim não consegui, então não insisto. Eu acredito que se um sapato me está apertado, insistir em calçá-lo só me vai magoar.

Aprendi a aceitar os outros como eles são. Isto não me obriga a conviver com pessoas em cuja conduta eu não me revejo. Aceito-os e decido se quero permanecer na sua companhia. Se a resposta for não, afasto-me. Eu não sou obrigada a conviver com pessoas que me fazem mal.

Aprendi a aceitar os meus erros e limitações. Todos erramos, todos temos limitações. Reconhecê-lo foi o primeiro passo para me tornar uma pessoa melhor.

Aprendi que queixar-me, vitimizar-me não vai melhorar a minha situação, bem pelo contrário.

Quando não estou satisfeita, encontro forma de mudar.

Tudo é passível de ser mudado: um comportamento, um pensamento, um trabalho, uma relação, amizades, tudo.

Aprendi a ser grata.

Agradeço sempre tudo o que me acontece porque o bom é benção mas o mau é ensinamento. Repito a frase de um amigo, muito querido: "até o bom é mau".

Sou muito grata ao Universo e agradeço todos os dias, mesmo quando não me dá o que lhe peço porque sei que nem sempre o que desejo é o melhor para mim.

Aprendi que sempre que recebemos, devemos retribuir.

O Universo dá mas é nossa obrigação dar também. E quem me disser que não tem nada para dar, não sabe o que diz. No fim das minhas meditações diárias, depois de receber equilíbrio, ofereço a minha energia de cura ao Universo, para que ela seja usada pelos trabalhadores de Luz.

Aprendi que me posso transformar, que tenho dentro de mim tudo o que preciso para o fazer. Sei que as respostas estão dentro de mim e que por isso, a mudança está ao meu alcance.

Aprendi a amar-me.

Amar-me significa respeitar-me, cuidar-me, valorizar-me.

Eu sou tão importante como qualquer outro ser do Universo e não há ninguém neste mundo que seja superior ou inferior a mim. Somos todos diferentes, estamos em estadios de evolução diferentes, só isso.

Ame-se. Cuide-se, como se fosse uma mãe a cuidar do filho.

Cuide-se, como cuidaria de um filho.

Aprendi a confiar.

Confiar em mim, na minha intuição e confiar no Universo.

Aprendi que quando quero muito uma coisa, o Universo conspira a meu favor.

Aprendi a pôr-me no lugar dos outros, sempre.

Sentir empatia, não fazer aos outros o que não gostaria que me fizessem foi um passo gigante no meu desenvolvimento e com isto comecei a atrair muitas bençãos para a minha vida.

Aprendi que a mudança é um processo individual.

Cada um tem o seu ritmo e cada um deve poder escolher quando está pronto para mudar, se o quiser fazer.

Não tento mudar os outros. A única pessoa que eu posso mudar é a mim mesma.

Aprendi a perdoar.

Perdoei quem me magoou e perdoei-me a mim mesma pelo mal que me fiz e fiz aos outros, ainda que de forma inconsciente. Sei que já fui magoada mas que também já magoei.

Perdoar não é continuar a repetir padrões, não é ficar em situações que limitam, nem aceitar pessoas que magoam.

Perdoar é um exercício de liberdade. Quando sinto que devo, afasto-me mas perdoo, não guardo rancores dentro de mim.

Esforço-me verdadeiramente para me tornar uma pessoa melhor, todos os dias. Quando falho, perdoo-me e tento de novo.

Aprendi a não julgar os outros.

Eu não conheço completamente ninguém, não faço ideia dos fantasmas que habitam na cabeça dos outros.

Aprendi a desejar o melhor.

Desejo o melhor para mim e desejo o melhor para os outros.

Dificilmente alguém viverá na abundância se a quiser só para si porque, ao desejar que os outros tenham menos do que aquilo que tem, está a interromper o fluxo da abundância na sua vida.

Somos todos unos, para quê competir?

Ajudar os outros a atingirem os seus objetivos é muitíssimo gratificante e o Universo é como um espelho, o que damos aos outros, retorna a nós ampliado.

Aprendi que não podemos agradar a todos.
Faço por estar atenta e valorizo a opinião dos que me são próximos mas parei de me preocupar com aquilo que os restantes pensam de mim. É impossível agradar a toda a gente, nem tento fazê-lo.

Aprendi a tomar decisões e a assumi-las.
Houve um tempo em que eu andava à deriva, não sabia o que queria. Dizia que queria ser feliz mas isso é vago. É preciso fazer escolhas, é preciso tomar decisões, é preciso traçar metas e definir objetivos. Hoje tomo decisões e responsabilizo-me por elas. Ninguém, além de mim é responsável pelas minhas escolhas.

Aprendi a livrar-me de crenças limitantes.
"Não consigo", "Não posso", "Não sou bom o suficiente" São expressões que deixei de usar.
Eu sou capaz, sim!
Você é capaz, sim!

Uma crença limitante que eu tinha era sobre dinheiro. Eu tinha falta de dinheiro mas no fundo acreditava que o dinheiro era uma coisa má. Quando pedia dinheiro ao Universo, sentia-me desconfortável, como se fosse feio fazê-lo. A razão disto acontecer é que eu tinha no meu subconsciente a gravação de que o dinheiro é sujo e mau. Hoje entendo que o dinheiro pode ser bom ou ser mau, dependendo da forma como é usado. O dinheiro é útil e tê-lo melhora a minha qualidade de vida, por isso eu passei a ser grata por todo o dinheiro que ganho e a deixar de temer pedi-lo ao Universo.

Aprendi a criar rotinas, ser perseverante, a automotivar-me.

Ninguém atinge objetivos sem esforço.

Está nas minhas mãos fazer acontecer.

A disciplina salvaguarda-nos de muitas rasteiras da mente.

Quer ser são e equilibrado? Discipline-se.

Aprendi a descansar.

Quando estou cansada descanso, em vez de desistir.

Aprendi a gerir os meus cansaços, a dar-me tréguas de vez em quando, a não me deixar vergar pelo cansaço.

Deixei de me levar ao limite, não é produtivo.

Não tomo decisões quando estou muito cansada e também não me comprometo nessas alturas.

Aprendi a ter os meus sonhos e projetos e a não depender dos outros para isso.

Projetos não podem ser confundidos com pessoas.

Ninguèm pode ser o projeto de vida de ninguém. Isso é um peso demasiado grande para qualquer um.

Independentemente das pessoas que amo e que gostaria de ter ao meu lado, tenho sonhos e projetos individuais, que dependem apenas de mim e do meu empenho. Com isto, libertei os outros das minhas cargas.

Aprendi a gostar da minha companhia.

Sei que a única pessoa nesta vida que vai estar sempre comigo, sou eu própria.

Parece duro mas tive de me preparar para o óbvio: as pessoas morrem, abandonam-nos, fazem escolhas que não nos incluem e isso faz parte, é preciso aceitar.

Eu vou ter de viver comigo para sempre, é melhor que goste da minha companhia.

Eu sou a pessoa mais importante da minha vida. Eu sei que parece estranho fazer esta afirmação quando se tem filhos mas eu preciso de estar bem quando elas precisam de mim.

Aprendi que uma mente desocupada é uma casa aberta a fantasmas. Uma cabeça ocupada e ativa, que aprende coisas novas, não se deixa assombrar.

Aprendi a olhar-me de frente e a analisar-me com sinceridade.

Como me aceito como sou, deixou de ser difícil reconhecer os meus erros.

Hoje elogio-me mais do que me critico e sinto orgulho de mim.

Elogie-se pelo que tem de bom, mude o que não estiver bem.

Aprendi a valorizar coisas pequenas.
A felicidade não está nos dias edílicos, esses só acontecem de vez em quando e os momentos sublimes, a que normalmente chamamos de felizes, são êxtase e o êxtase é momentâneo. Seria insuportável viver sempre em êxtase.

Aprendi a simplificar.
Fico com o que soma, deixo o que me subtrai: se alguma coisa me acrescenta valor, reconhecimento ou amor, eu cuido. Se alguma coisa me subtrai valor, conhecimento ou amor, eu deixo ir.

Aprendi a rir-me de mim própria e a ser menos dura comigo. Todos nós já fizemos figuras ridículas. Nem sempre ficamos bem na fotografia. Tudo bem.

Aprendi a viver no presente.
O passado já foi, o futuro ainda não chegou e os "se" não me servem para nada. "Se eu tivesse feito"... não fiz, agora não há volta a dar.
O que foi, foi, já não volta.
A vida acontece agora, não perco tempo com o que foi, nem com o que poderia ter sido.
A vida é agora e é boa demais para a desperdiçar com o que não me acrescenta.

Aprendi a respeitar o tempo do Universo.

Tudo tem o seu tempo.

Todos os processos de transformação acontecem em ciclos e é preciso esperar. Assim, aprendi também a cultivar a paciência.

Hoje sou paciente, com os outros e comigo. Quando um dia corre mal, quando sinto que não estive bem, respiro fundo, relaxo e tenho paciência. Não sou perfeita. Amanhã hei-de conseguir fazer melhor, é o meu compromisso.

Aprendi a vibrar positivo, a rodear-me de pessoas positivas, pessoas das quais me orgulho, pessoas que me acrescentam, pessoas a quem tento acrescentar.

Aprendi a elogiar.

Um elogio pode fazer a diferença na vida de outra pessoa.

Aprendi que se o que tenho para dizer não vai acrescentar valor à outra pessoa, não a vai fazer crescer, então não digo nada, guardo para mim.

Nem todos os nossos pensamentos são úteis e um só pensamento negativo pode destruir a auto-estima de alguém, quando verbalizado.

Aprendi a dizer às pessoas que as amo, quando amo e como elas são importantes para mim, quando são.

Quando me for embora desta vida, o que levarei comigo além do que aprendi e dos afetos que dei e recebi? Creio que nada.

Aprendi também que há acontecimentos que não dependem de mim. Coisas más podem acontecer e eu não vou poder fazer nada para o evitar. No entanto, eu posso decidir a forma como vou reagir aos acontecimentos.
Eu escolho ser positiva e escolho ser a melhor versão de mim.

Aprendi a respeitar as Leis Universais e a reservar um bocadinho de tempo para mim, todos os dias, sem arranjar desculpas.
Meditar é o meu bocadinho, o momento em que eu namoro com o Universo, em que me confesso, me aconselho, me perdoo e me amo.

AS LEIS DO UNIVERSO

O que dizem e como usá-las para atrair tudo o que quer

As leis do Universo funcionam independentemente da sua vontade e você até pode ser uma pessoa boa, com muito amor para dar, cheia de boas intenções e não estar a receber nada daquilo que pede ao Universo e que sabe merecer. Isto acontece porque as leis do Universo funcionam de forma cega, sem análise crítica, funcionam e pronto, cabe-lhe a si fazer com que elas funcionem a seu favor.

Todos os livros de auto-ajuda que li estavam certos mas focavam-se basicamente em duas ou três Leis Universais e nesta nova Era é importante que conheça todas as Leis que regem o Universo, a forma como funcionam e acima de tudo, que comece a praticá-las.

Peço-lhe que medite sobre cada uma delas e que não avance para a Lei seguinte enquanto a anterior não lhe fizer sentido. Se for preciso pare, volte atrás, faça uma pausa mas certifique-se de ter entendido cada uma delas.

Lei da Unidade Divina

Esta Lei diz-nos que tudo é energia e tudo está ligado.
Os nossos sentidos, o que pensamos, o que sentimos, o que fazemos, têm um efeito nos outros seres, na consciência coletiva e na evolução do Universo.
Somos todos unos.

Pensarmos que somos seres individuais, separados de todos os outros é uma enorme ilusão.

Esta Lei ensina a perceber que as nossas ações, ainda que pareçam individuais, têm consequências para o todo.

Quando elevamos a nossa frequência vibracional individual, estamos a contribuir para a elevação da frequência vibracional do todo.

Um exemplo simples para entender este conceito é o dia de Natal (ou o dia de Ação de Graças nos EUA). Apesar da densidade vibracional da terra ser baixa neste momento, nos dias que antecedem estas datas, a vibração sobe nos países onde se dão as celebrações.
Nunca sentiu que as pessoas ficam mais empáticas nesses dias e que tudo parece correr melhor?

O que acontece é que a vibração de muitas pessoas aumenta, aumentando a vibração coletiva, como consequência, muitas pessoas se sentem felizes nesses dias.

Quantas mais pessoas conseguirem encontrar o seu equilíbrio (emocional, físico e espiritual), quantas mais pessoas começarem a vibrar numa frequência energética compatível com as energias puras do Universo, melhor ficará a vibração energética do planeta.

Vibrar positivo traz imensos benefícios individuais mas também traz, por arrasto benefícios para o todo porque nós somos parte do todo.

Lei da Vibração

Esta Lei afirma que tudo neste Universo é energia e vibra em determinada frequência.

Somos seres energéticos e colocar o nosso corpo e a nossa mente na frequência certa, promove o equilíbrio, essencial para atrair abundância. E a abundância não é só material: abundância emocional, abundância espiritual, abundância de tudo aquilo que faz o ser humano sentir-se feliz e realizado.

Quando eu recuperei de forma espetacular tudo o que tinha perdido, consegui fazê-lo porque comecei a vibrar na energia certa. Eu sentava-me, relaxava o meu corpo e imaginava uma história imensamente feliz, onde eu era amada, realizada, valorizada. Na imaginação eu tinha em abundância tudo o que para mim representava felicidade. Eu vibrava amor, compaixão, serenidade, perdão, doação. Eu não imaginava conflitos, nem discussões e todos os problemas eram resolvidos com imensa facilidade. E foi este estado vibracional, muito mais do que os meus pensamentos, que criou a minha realidade e me permitiu recuperar tudo o que tinha perdido.
E podem perguntar-me se eu tinha sempre a capacidade de pensar positivo? Claro que não. Muitas vezes duvidava (a

dúvida afasta-nos dos objetivos), muitas vezes tinha medo (o medo é o contrário do amor, também nos afasta dos objetivos) mas eu combatia esses pensamentos com pensamentos novos, positivos e não vibrava nos pensamentos negativos, não os tornava sentimentos porque quando eu estava a meditar, quando eu estava a inventar as minhas histórias, não permitia que as coisas corressem mal.

Era eu que comandava, certo? Eu estava a criar a história.

Precisamente, somos nós que criamos a nossa história.

Lei da Correspondência

Esta Lei afirma que os princípios ou leis da física que explicam a energia do mundo físico têm os seus princípios correspondentes no Universo: "Tanto em cima, como em baixo".

Assim como o que está em cima, é o que está em baixo, o que está dentro, é o que está fora.
Como num espelho, refletimos o que está cá dentro e o que nos rodeia reflete-se em nós.

Quando eu me sentia insatisfeita com a minha vida, quando reclamava constantemente, enviava para "fora" uma mensagem de insatisfação. Como resposta, o Universo começou a retirar-me tudo o que eu tinha dado como adquirido na vida. Afinal, eu não estava contente, certo?

O que está fora é o reflexo do que está dentro. Quando mudamos o interior, quando nos equilibramos emocionalmente, o exterior começa a transformar-se e rapidamente isso vai reletir-se na nossa vida e em tudo o que nos rodeia.

Quando eu comecei a vibrar amor, os meus problemas resolveram-se como por magia e com uma rapidez ultrasónica; equilibrei-me e em poucos dias todos os meus problemas não passavam de lembranças.

Mas é importante referir, relativamente à reconciliação com o meu ex-marido, que o que eu sentia não era um amor-posse. Amor-posse não existe sequer, posse não tem nada a ver com amor. Amor implica desejar o melhor ao outro, respeitá-lo, querer que ele seja feliz. Eu desejava, do fundo do meu coração que o meu ex-marido fosse feliz e, se tivesse de escolher tê-lo ao meu lado infeliz e não o ter mas sabê-lo feliz, fosse com quem fosse, eu não tinha dúvidas em escolher a sua felicidade.

Então e na minha felicidade, não pensava? Claro que pensava mas como é que eu poderia ser feliz com alguém infeliz ao meu lado? Isso não é amor.

Lei da Atração

É a mais conhecida de todas as Leis do Universo. Muito já se escreveu sobre ela. E não duvide, funciona! Esta Lei diz que atraímos aquilo em que focamos a nossa atenção e isto é absolutamente verdade. Mas focar a atenção não é repetir mecanicamente um desejo, pensando que o Universo nos fará a vontade se formos muito insistentes. Não!
Nós atraímos aquilo em que vibramos, aquilo que sentimos. Se sentirmos medo, vamos atrair aquilo que mais tememos. Se sentirmos amor, vamos atrair mais amor.

Se pedirmos amor, mesmo que usemos afirmações positivas todo o dia mas estivermos cheios de medo de não o alcançar, na verdade estamos focados na falta de amor e atrairemos precisamente a falta.
Se queremos atrair um corpo cheio de saúde mas afirmamos que nos vamos livrar da doença, estamos a focar-nos na doença e não na saúde.

Quando eu reclamava da minha vida, na verdade eu estava a pedir atenção. Eu amava a minha família e temia que ela se desmantelasse. Eu pensava, dizia e sentia que estava farta daquela situação mas não a resolvia, efetivamente, limitava-me a refilar. Eu estava farta de me sentir cansada e de não ter tempo para mim mas, ao invés de me organizar, de arranjar tempo e pedir mais colaboração, reclamava e andava sempre de mau humor.

Como o que pensamos, o que dizemos e fundamentalmente o que sentimos tem poder, eu enviei repetidamente uma mensagem bem clara ao Universo: ESTOU FARTA!

Ora, o Universo respondeu-me , libertando-me.

Não foi castigo, não foi má sorte, não foi nada exterior a mim, foi a Lei da atração a funcionar.

Lei da Ação

Esta Lei diz que para que qualquer coisa aconteça é preciso agir.

Por mais que tenhamos pensamentos positivos, por muito que vibremos positivo, há coisas que o Universo não pode fazer por nós.

Esta Lei liga o espiritual ao físico.

Se eu mentalizar, vibrar a energia certa mas quando chega a altura de me mexer, fico sentada à espera, o que acontece? Nada!

Eu sempre disse que queria ser escritora. Lembro-me de ainda não saber ler e já o dizer mas só comecei a escrever a sério com 38 anos. Teria sido possível ter-me tornado escritora antes? Sim, claro, poderia, se eu tivesse começado a escrever a sério antes.

No entanto, sabemos que há situações que não dependem de facto de nós, da nossa ação, situações que estão fora do nosso controlo. Nesses casos, praticar esta Lei pode significar acalmar a mente e relaxar, abrindo espaço para receber o novo e o diferente, sem querer controlar tudo.

O acidente da minha filha é um bom exemplo disso. Aconteceu, como acontecem acidentes e provavelmente não aconteceu pela minha falta de equilíbrio. O facto é que as coisas correram bem e a única coisa que eu fiz foi acalmar-me e esperar o melhor. Sabia que a cirurgia poderia correr mal e ela não voltar a andar ou sequer acordar mas o resultado não dependia de mim. Levar "ruído" para perto dela não ajudaria. Então fiz a única coisa útil: nada. Esperei com calma, mentalizando o sucesso da cirurgia.

Agir, antes de qualquer coisa é decidir o que se quer. Se não decidirmos o que queremos, corremos o risco de receber o que não queremos. O Universo não faz interpretação de desejos.

Aconteceu-me muitas vezes mudar de ideias: hoje querer uma coisa e amanhã querer outra. Cada vez que o Universo se estava a alinhar para me favorecer, eu mudava de ideias. Acabava por não receber nada!
Eu imagino sempre que o Universo é uma máquina com uma grande engrenagem e que cada vez que eu mentalizo um desejo, grandes roldanas mudam de sítio, para se encaixarem nos trilhos certos. Quando eu mudo de ideias a meio do processo, obrigo a pesada máquina a voltar atrás e começar tudo de novo. Imagino sempre que o esforço é tão grande, que a máquina às tantas fica desafinada e deixa de funcionar com eficácia.

Claro que no Universo está tudo afinadíssimo e que a desafinada aqui sou eu, quando não decido o que quero!

Se quer que a sua vida avance, antes de qualquer coisa, decida o que quer. Esta é a primeiríssima ação que deve fazer e a mais importante.

Lei da transmutação da energia perpétua

Esta Lei afirma que a energia está em constante movimento e manifestação e que com isso nós podemos mudar qualquer coisa nas nossas vidas, nós temos a capacidade e o poder de fazer manifestar o que desejamos nas nossas vidas.

A energia não é estática. Tudo no Universo é energia. Nada é estático. Nem mesmo um corpo em descando é estático.

A energia transforma-se sempre e nós somos o quê, senão energia? Os nossos pensamentos, os nossos sentimentos, a nossa realidade são o quê, senão energia? Se podemos mudar a energia, podemos mudar a manifestação.

Atenção a esta Lei, que traz um aviso sério ao auto boicote porque se uma frequência vibracional mais elevado transforma as vibrações inferiores, uma frequência baixa também transforma a frequência vibracional elevada. Ou seja, se nos esforçamos por manifestar uma coisa na nossa vida mas estamos sempre a duvidar, não conseguimos atingir a frequência vibracional certa.

Por exemplo, durante anos eu desejava muito publicar o meu livro e afirmava "Vou publicar, vou encontrar uma editora que se vai interessar" mas no minuto seguinte pensava "Pois, eles nem sequer olham para o livro". Ao fazer isto, eu estava a auto-boicotar-me. Anulava o pensamento positivo com o sentimento negativo.

Os pensamentos negativos cancelam as afirmações positivas. Pior do que isso, uma vibração negativa cancela os pensamentos positivos porque o sentimento tem mais poder do que o pensamento.

Claro que todos nós temos medos e dúvidas, eu também tinha, por isso é que é preciso aprender a vibrar positivo e isso consegue-se com treino.

As Leis do Universo funcionam. Quando você não tiver qualquer dúvida disso, terá o poder de materializar qualquer desejo.

Lei da causa e efeito

Esta Lei diz que todas as ações têm consequências, tão simples quanto isto! E você sabe que é verdade!

Vou dar-lhe um exemplo tão básico, que é impossível não o entender: Se você acender um fósforo (ação) sabe que vai surgir uma chama (consequência). Não pode querer acender o fósforo sem fazer chama.

Nas nossas vidas todas as ações têm consequências mas às vezes não conseguimos prever quais as consequências que as nossas ações vão ter. Mas, meu caro, o facto de não conseguir prever, não impede a consequência de acontecer e você vai ter de aprender a viver com ela.

A energia que colocamos nas coisas, a forma como vibramos diariamente têm consequências na nossa vida.
Sempre que pensamos, falamos, agimos, estamos a fazê-lo em determinada vibração e isso condicionará o nosso futuro, inevitavelmente.
E até podemos pensar que não é bem assim porque nem sempre vemos os efeitos imediatos das nossas ações mas é só uma questão de tempo, colhemos sempre o que semeamos, cedo ou tarde.

Lei da Compensação

Esta Lei Universal também se traduz, rapidamente, na frase "colhemos o que semeamos" mas neste caso falamos na qualidade do cultivo. Somos livres de semear o que quisermos mas obrigados a colher unicamente o que semeámos.

As nossas boas ações são-nos devolvidas em presentes divinos, que podem aparecer sob a forma de dinheiro, amigos ou outras bençãos. Digamos que o Universo nos compensa pelas boas ações.

Esta Lei faz-me lembrar um amigo que eu tive há muitos anos e que deixou esta dimensão em 2008. Chamava-se Carlos e dizia sempre "Quanto mais dou, mais tenho".

Nem sempre recebemos na mesma moeda daquilo que damos mas recebemos sempre aquilo que precisamos. Podemos oferecer em amor e receber em dinheiro, oferecer em compaixão e ganhar novos amigos, oferecer em dinheiro e receber o dobro...

Quando nos doamos genuinamente, quando fazemos o bem de forma desinteressada, quando ajudamos os outros, ainda que não sejamos retribuidos no imediato, o Universo regista e devolve, na justa medida do nosso merecimento, sob a forma daquilo que nós mais precisamos.

Fazer o bem compensa sempre, ainda que lhe possa parecer o contrário.

Lei da Relatividade

Tudo é relativo porque tudo depende de uma perspetiva e perceção.

Esta Lei ensina-nos a não fazer comparações com os outros porque cada um de nós, nesta passagem pela Terra, tem uma missão e desafios particulares e nenhum de nós conhece verdadeiramente a dimensão das dificuldades do outro. Dizer "isso é fácil, como é que não consegues?", mostra uma enorme falta de empatia e um desconhecimento desta Lei.

Eu sei que lhe disse "se eu consegui, você consegue!" e sei que a minha realidade é diferente da sua, que os meus problemas não são iguais aos seus e, ainda que tivessemos o mesmo problema, não teríamos a mesma capacidade de lidar com ele, simplesmente porque somos diferentes. Sim, isto é tudo verdade. A única razão porque eu não estou a desrespeitar a Lei da Relatividade é porque eu não julgo o seu caminho mas estou aqui para o encorajar e para, na medida das minhas capacidades, o guiar. Eu estou a torcer pelo seu sucesso, sem me comparar a si.

Praticar a empatia é perceber esta Lei e aplicá-la. Cada um de nós veio ao mundo para crescer e ser feliz mas os desafios são individuais e o crescimento é um caminho solitário. Quando nos propomos ajudar o outro, sem o julgar, estamos na verdade a fazer mais por nós do que pelo outro.

Lei da Polaridade

Se existe luz, existe sombra. Se existe calor, existe frio. Se existe bem, existe mal. Se existe amor, existe medo. Tudo na vida tem um oposto , todo o contraste traz clareza e é isto que esta Lei explica.

Se nós só conhecessemos o frio, não poderíamos valorizar o calor.

Só valorizamos o amor, quando já sentimos medo. (É o medo e não o ódio o contrário do amor) e nós podemos suprimir e transformar coisas que não queremos quando nos concentramos no seu oposto.

Por exemplo, uma pessoa com uma doença, para atingir a cura não deve desejar livrar-se da doença, deve concentrar-se no oposto da doença, que é a saúde. Peça saúde, vibre saúde e deixe de pensar na doença.

Foi assim que eu fiz (e ensinei a minha filha a fazer) quando ela estava presa numa cama. Os nossos pensamentos, os nossos sentimentos estavam sintonizados com a saúde, o bem estar, a alegria de caminhar sozinha. Nós afirmávamos que ela ficaria bem e nunca duvidámos disso.

Lei do ritmo

Tudo no Universo tem o seu ritmo: as estações do ano, as fases da lua, a nossa fisiologia, o nosso humor, o nosso crescimento e tudo nas nossas vidas.

Respeitar os nossos ciclos, é respeitarmo-nos.

Nunca nos passaria pela cabeça tentar apressar o inverno para podermos chegar à primavera, nem apressar a lua para passar mais depressa a outra fase, mas tentamos demasiadas vezes apressar os nossos ciclos pessoais e os ciclos dos outros e isso, por estranho que lhe possa parecer, é uma enorme falta de respeito, além de ser um factor causador de ansiedade perfeitamente desnecessário.

Aceitar que temos um ritmo que pode variar , é aceitarmo-nos. Não é sustentável ter sempre o mesmo ritmo, morreríamos de exaustão se o tentássemos. Precisamos dormir, descansar, abrandar para recuperar forças antes de acelerar. Precisamos aceitar os nossos cansaços e os dos outros.

Observar os nossos ciclos internos e aprender a aceitá-los é muito importante.

Uma vez desafiei-me a escrever um poema por dia durante um ano inteiro e comecei cheia de força. O objetivo era disciplinar-me na escrita. A determinada altura, ainda que não me faltasse inspiração, comecei a sentir-me muito cansada porque o ritmo que me estava a exigir era demasiado acelerado (não tinha deixado de fazer nenhuma das outras tarefas para me dedicar a este desafio). Percebi isso, desacelerei e aceitei. Não foi um problema nem me senti frustrada, pelo contrário, senti-me orgulhosa de mim por ter conseguido escrever mais de cem poemas em quatro meses.

Lei do Género

Esta Lei quase que resume todas as outras e diz-nos que em todas as coisas existe energia masculina e energia feminina: Yin e Yang.

Nós póprios somos a mistura dessas duas energias.

Nada no Universo tem energia somente masculina ou feminina. Tudo contém ambas as energias.

Para evoluirmos temos de perceber e assegurar que temos essas duas energias em equilíbrio.

Na prática, basta que aceitemos que as nossas intenções, depois de enviadas ao Universo, precisam de um período de incubação e crescimento antes de se manifestarem.

Assim como um óvulo, depois de fecundado precisa de um tempo certo para crescer até dar origem a um novo ser, as nossas intenções precisam de um tempo para se expandirem e se materializarem.

Tenha paciência, aprenda a esperar. Não há nada que peça ao Universo que fique sem resposta. Vibre e confie. A manifestação só acontece quando a grande máquina do

Universo se alinhou completamente com a sua frequência. Cada vez que duvida, pára a engrenagem da grande máquina, cada vez que muda de ideias, obriga a máquina a mudar de direção para voltar a engrenar. Por isso, decida o que quer, comunique ao Universo o seu desejo e espere, na certeza do resultado.

Todas as leis do Universo estão ligadas. Compreendê-las e segui-las fará com que a compreensão de si mesmo aumente e, por consequência aumente também a compreensão dos outros e do que o rodeia.

Apreendê-las e segui-las é um enorme passo no caminho da evolução espiritual. Garanto-lhe que se o fizer, a sua vida vai mudar completamente, para muito melhor.

Todas estas leis contêm em si regras inabaláveis. Há quem lhes chame sub-leis, eu prefiro chamar-lhes princípios fundamentais, sem o cumprimento dos quais não conseguirá fazer com que as Leis Universais funcionem a seu favor.

São princípios simples, como tudo é simples no Universo.

Princípio da Energia

Não é novidade para si, nem para a comunidade cientifica, que tudo no Universo contém energia. Já leu isso várias vezes, inclusivamente neste livro. Também já lhe disse que toda a energia vibra numa frequência específica.

No Universo nenhuma energia se perde, nem nenhuma energia se cria. Tudo se transforma, absolutamente tudo. Até ao nível dos pensamentos isso acontece. Cada pensamento produz uma energia própria, que vibra em determinada frequência. É a frequência vibracional que faz mudar o aspeto com que as coisas se apresentam.

Não é verdade que não consegue ver a eletricidade? Isso significa que ela não existe? Existe e está sempre em circulação, nunca está parada. Assim é a energia de todas as coisas contidas no Universo, até as que não podemos ver ou medir, como os pensamentos e os sentimentos.
O que pensamos e a energia com que o fazemos tem poder. O sentimento que impregnamos naquilo que pensamos tem poder e cabe-nos a nós transformar a nossa energia, transformando os pensamentos negativos em positivos, transformando os sentimentos negativos, em positivos.

Princípio do Agora

Sabe o que é o tempo? O tempo é uma medida inventada pelo homem, para conseguir organizar-se em sociedade mas na verdade, o tempo não existe.

Quando penso neste princípio, lembro-me sempre daquela lenga-lenga: "O tempo pergunta ao tempo quanto tempo o tempo tem, o tempo responde ao tempo que o tempo tem tanto tempo, quanto tempo o tempo tem".

Perdemos demasiado "tempo" a pensar no tempo: no que foi e não volta, no que será e esquecemo-nos que só agora, neste exato momento podemos fazer alguma coisa para mudar o que não está bem.

Não arranje desculpas, não diga que vai ser feliz amanhã, que o amanhã ainda não existe. Decida ser feliz hoje!
Viva o agora, viva o momento presente porque o passado não se repete e o futuro ainda não existe. Passado e futuro só existem nas nossas cabeças.

Princípio da Harmonia

O que é a harmonia? De forma simples, podemos defini-la como o equilíbrio perfeito.

No Universo tudo tende a equilibrar-se de forma harmoniosa.

Aplicar este princípio à sua vida, é tentar viver em equilíbrio. Quando conseguimos manter um estado interno de equilíbrio, conseguimos alcançar todas as nossas metas.

Pelo contrário, quando estamos desequilibrados, vivemos em desarmonia e as experiências que temos não são boas.

Para mim a meditação é uma forma de me equilibrar, de harmonizar corpo, mente e espírito mas não é a única forma de o conseguir: caminhar pela natureza, ouvir ou tocar música, dançar, rir ou qualquer outra atividade que o faça sentir bem, promovem equilíbrio, que depois de adquirido, é preciso manter.

Princípio da Afinidade Magnética

Este princípio diz que semelhante atrai semelhante.

Quando enviamos uma vibração para o Universo, recebemos de volta essa mesma vibração ampliada. Por exemplo, quando nos zangamos e gritamos, a energia que enviamos para o Universo e a da ira. Esta é uma energia com muito poder porque quando nos zangamos, exteriorizamos de forma descontrolada o que estamos a sentir. Não podemos esperar, em troca receber uma energia amorosa. Recebemos o que emanamos, lembra-se? Somos responsáveis por tudo o que nos acontece, mesmo que conscientemente não tenhamos feito nada para que as coisas nos aconteçam.

Tomar consciência da existência deste princípio e da forma como ele funciona, é perceber que somos responsáveis por tudo o que nos acontece. Atirar as culpas para cima dos outros é o caminho mais curto para a estagnação. A vitimização é pedir ao Universo para continuar a sofrer.

Nada acontece por acaso e todas as ações têm consequências. Quer atrair boas energias? Seja a boa energia.

Princípio da Evolução e propósito

Nada acontece por acaso. Esta frase parece quase cliché mas é a mais absoluta verdade. Para tudo existe um propósito no Universo.

Existe um propósito evolutivo e o Universo é absolutamente perfeito. Tudo está onde deveria estar, você está onde deveria estar e se não está satisfeito é porque emitiu as vibrações erradas para o Universo.

Estamos aqui para evoluir. Você está onde está, neste preciso momento, por sua escolha e porque o seu estado atual faz parte do seu processo evolutivo.

Não resista, aceite e aprenda com aquilo que está a acontecer-lhe. Aproveite as coisas menos boas para aprender, para se tornar melhor.

Acredite ou não, foi você que escolheu viver esta vida, então trate de não se queixar e aproveitar.

Princípio do Livre arbítrio

Temos liberdade de escolher, é isto que esta lei diz.

Mas atenção, isto não quer dizer que podemos controlar. Há coisas que acontecem na vida e que, independentemente da nossa vontade, não podemos mudar. Há acontecimentos que estão destinados a acontecer e que não podemos controlar, mas podemos escolher a forma como vamos reagir. É uma escolha se vamos rir ou chorar, se vamos aceitar ou esbracejar, se vamos perdoar ou ruminar, se vamos ou não ser felizes.

Quando nos desenvolvemos espiritualmente, aprendemos a olhar para a adversidade de forma positiva, aprendemos que quando o acontecimento é bom, é uma benção, quando é mau, é ensinamento. A esta liberdadqe de escolher, chama-se livre arbítrio.

Princípio da Sabedoria

A nossa sabedoria interna elimina a ignorância e as suas consequências negativas.

Sabedoria interna é tudo o que aprendemos seguindo as Leis do Universo ou, em alternativa, o que aprendemos através da dor.

Para evitar sofrer basta aprender as Leis do Universo e colocá-las em prática porque elas ensinam-nos a ultrapassar as dificuldades do dia a dia e a superar as adversidades sem sofrimento.

Princípio da Intenção e Manifestação

Tudo começa com uma intenção. Quanto mais vibrarmos as nossas intenções, mais depressa elas se materializarão.

O pensamento cria, a vibração faz manifestar.

Medite, alinhe-se com a inesgotável fonte da criação e vibre a sua intenção. Vibrar é sentir: sentir que está ligado ao todo, sentir gratidão, sentir que o seu desejo já está a ser atendido.

Não duvide, quando se alinha com a vibração do Universo , transmite a sua intenção e vibra gratidão, está automaticamente a produzir a manifestação.

Naturalmente a nossa intenção não pode ir contra nenhuma das outras Leis Universais, nem contra os princípios inabaláveis do Universo.

Reprograme-se para a manifestação.
O que você deseja alcançar? Decida, mentalize, vibre e o Universo materializa.

Princípio da Abundância

O Universo é infinitamente abundante e todos os seres têm em si o poder de transformar as suas vidas e de alcançar todos os desejos.

Viver na escassez é uma escolha individual. Escolher a abundância está ao alcance de todos.

Olhar para a riqueza dos outros como uma injustiça, é enviar uma mensagem negativa ao Universo. Acredite, há para todos.

Fique feliz com a riqueza dos outros, fique feliz por quem vive na abundância, seja de bens materiais, seja de afetos, de saúde ou do que for. Fique feliz, emane satisfação pelo bem dos outros, sem medo.

Princípio da Fé

Para que os seus desejos se realizem, é preciso acreditar.
Não duvide nunca que vai conseguir, acredite no Universo,
em si, no seu poder.

Tenha a certeza absoluta que vai conseguir, sempre.

Tenha fé.

Princípio da Gratidão

Agradeça todos os dias o que você tem. Seja grato ao Universo pelo pouco que conseguiu.

Tem saúde? Agradeça.

É inteligente? Agradeça.

Tem trabalho? Agradeça.

Aprendeu alguma coisa hoje? Agradeça.

Tem amigos? Agradeça.

Está feliz? Agradeça.

Está infeliz? Agradeça o poder que lhe foi concedido para mudar isso.

Sentir-se grato fá-lo vibrar em sintonia com o Universo, que é a fonte da abundância.

Quanto mais grato se sentir, mais vai receber.

Princípio do Desapego

Nada nos pertence além daquilo que sentimos. Não vamos levar nada desta vida para além do que sentimos e do que aprendemos com isso.

Ninguém é de ninguém e todos os bens são passageiros. Estamos nesta vida a passeio, devemos aproveitar enquanto cá andamos para nos divertirmos.

O que provoca sofrimento é a crença de que possuimos coisas e pessoas.

Ame sem possuir. Ame sem julgar. Ame sem controlar.

Ame respeitando a vontade dos outros.

Apenas o que você sente lhe pertence. Quando você perceber isto, nada mais poderá magoá-lo.

Princípio da Resistência

Aquilo a que resistimos, é o que atraímos para nós.
O que mais tememos , é o que recebemos.

O medo é uma forma de resistência, uma forma inconsciente de querer controlar.

Livre-se dos seus medos, das suas angústias, da ansiedade, meditando e aplicando as Leis Universais e você começará a equilibrar-se energeticamente e com isso passará a atrair prosperidade, abundância e felicidade.
Não resista às mudanças só porque tem medo do novo.

Deixe acontecer, nada acontece por acaso.

Não se habitue a sentir medo. Liberte-se e permita que o novo entre na sua vida.

Princípio da Reflexão

Somos o reflexo daquilo que vemos nos outros.

As qualidades que mais apreciamos e os defeitos que mais detestamos nos outros, são características nossas e, mesmo que de forma inconsciente, identificamo-nos.

Quando reagimos a um comportamento de outra pessoa, temos em nós mesmos essa característica.

Quando perceber de forma consciente que a empatia ou a rejeição que sente pelos outros é um reflexo de características suas, pode mudar o que menos lhe agrada e promover o que mais lhe agrada.

É preciso conhecer-se e reconhecer os seus defeitos para os poder mudar.

Princípio do Amor incondicional

Amor incondicional é o Amor que damos sem esperar nada em troca. O amor incondicional não cobra, não teme, não possui.

Amamos incondicionalmente alguém quando aceitamos, sem julgamentos e sem esperar nada em troca. Amor incondicional é a total aceitação do outro.

No amor incondicional não há medo.

Princípio do Perdão

O perdão liberta. Perdoar os outros e perdoarmo-nos liberta-nos de ressentimentos, de mágoas, rancores e culpas, sentimentos negativos, que baixam a nossa frequência vibracional e nos afastam de ter a vida perfeita que sonhamos.

Perdoar não significa aceitar tudo, nem tampouco continuar a viver abusos, seja de que ordem for. Perdoar significa libertar-se de um peso e ficar livre para continuar a sua jornada em paz.

Princípio do mínimo esforço

Aceitar as coisas e as pessoas como são, não controlar nada nem ninguém.

Aceitar o que a vida dá. Saber que, independentemente daquilo porque está a passar agora, você está precisamente onde e como deveria estar. Nada acontece por acaso e se você está aí é porque é precisamente aí que estão as condições para a sua evolução.

Aceitar a sua responsabilidade nos acontecimentos da sua vida e perceber que todos os problemas são oportunidades de superação e crescimento.

Não significa que deve aceitar tudo, não. Significa que às vezes faz mais falta ter paz do que ganhar a razão.

Aceitar que os outros têm pontos de vista e ideias diferentes e aceitar ouvir o ponto de vista dos outros.

Aceitar as diferenças, sem julgamentos.

Aceitar que errar faz parte da vida.

Se não tem nada de construtivo para dizer, fique em silêncio.

Princípio do compromisso

Quem aprendeu a elevar a sua frequência vibracional e assim a melhorar a sua vida, a viver na abundância e a ser feliz, deve partilhar esse conhecimento.

O Universo é como um espelho, o que vibramos, retorna a nós ampliado. Se conseguirmos vibrar na frequência do Universo, devemos ajudar quem nos rodeia a conseguir o mesmo, para bem de todos e do planeta.

Se sabemos como ajudar e não o fazemos, emitimos uma energia de indiferença que retorna a nós ampliada.

Este princípio pede que se comprometa com o seu bem estar mas como você é uno com o todo, esse compromisso tem de ser alargado aos outros.

Princípio da Associação

Juntos somos mais fortes, é o que nos diz este princípio.

Quando duas ou mais pessoas se juntam a favor de uma causa, vibrando na mesma frequência, ampliam a energia que colocam nos seus propósitos.

Quantos mais vibrarmos nas frequências do Universo, quantos mais elevarmos a nossa frequência vibracional, mais receberemos todos e mais depressa alcançaremos a abundância, tão desejada.

Elevar a frequência vibracional da Terra à escala global, acabaria com as guerras, com a fome, com as doenças e com o sofrimento de todos.

Princípio da Oração e Meditação

A oração nada mais é do que elevar a sua vibração para se conectar ao Divino.

Meditar é uma forma de orar, de se ligar ao Divino, ao seu Eu superior, ao Universo, de elevar a sua vibração e a do planeta.

Princípio da Ordem Divina

O Universo é absolutamente perfeito. Tudo tem uma razão de ser. Não há acasos nem erros.

Tudo está precisamente onde deveria estar. Você está precisamente onde deveria estar.

Tudo segue um propósito Universal. Você também tem o seu propósito e o equilíbrio é o seu estado natural.

Encontre o seu equilíbrio e encontrará o seu propósito.

Meditar

Meditar é viajar, num caminho interior, que vai dar ao seu EU.

Meditar é uma forma de se amar, de dedicar tempo a si próprio. É uma forma altamente eficaz de encontrar equilíbrio físico, mental, emocional e espiritual.

Meditar também é uma forma simples de se conectar com o Universo e de atrair para si tudo aquilo que deseja ver materializado nesta vida.

Quando há 18 anos comecei a meditar, as pessoas que me rodeavam perceberam imediatamente as transformações que ocorreram na minha vida. Em muito pouco tempo eu, não só resolvi todos os meus problemas, que eram muitos, como me tornei uma pessoa melhor, de bem com a vida, mais positiva, mais feliz.

É recorrente perguntarem-me o que faço para me manter serena em determinadas situações e eu repito que me limito a meditar.

São tantas as vezes que oiço como resposta "eu não consigo", que decidi explicar como faço.

Todas as pessoas conseguem meditar, desde que insistam um bocadinho. No início (primeiros dias ou semanas) pode ser muito difícil porque o cérebro não está habituado ao silêncio interior, à calma mas com o treino, com a insistência, todos conseguimos.

A forma como pratico meditação poderá ser questionada por alguns mestres. Não discuto com quem sabe mais do que eu. Sobre a forma como o faço, posso apenas garantir que funciona.

Sempre que deixei de meditar, voltei aos padrões negativos e a minha vida tornou-se um emaranhado de problemas praticamente insolúveis e sempre que voltei a meditar, encontrei as soluções com muita facilidade e é esta experiência que quero partilhar.

Meditar regularmente e simultaneamente conhecer e respeitar as Leis do Universo, é a garantia de que se tornará uma pessoa feliz, positiva, que dificilmente se deixará derrubar pela adversidade.

Preparando-se para Meditar

Defina as regras antes de começar

No início não aconselho que medite durante muito tempo mas é importante, na minha opinião que defina bem as regras:

Quanto tempo vai dedicar por dia à meditação?

Decida por quanto tempo o vai fazer e cumpra.

O que fazer se for interrompido? Recomeça? Continua do ponto onde estava?

Não desista. Se for interrompido, comece de novo ou recomece mas não deixe de meditar.

Vai querer fazê-lo de manhã, ao acordar ou prefere escolher outro horário?

Escolha um horário e tente manter uma rotina. É muito fácil arranjar outras coisas para fazer e esquecermo-nos de nós próprios.

Comece com um período de 20 a 30 minutos.

No início pode parecer-lhe bastante difícil e desconfortável estar quieto na mesma posição durante muito tempo, por isso é preferível começar com uma meta pouco ambiciosa e ir aumentando o tempo, quando se sentir preparado.

Crie o seu ambiente

Escolha um sítio confortável e uma hora em que saiba que não vai ser interrompido.

Pode meditar sentado ou deitado mas deverá manter a coluna direita e o ideal é que não adormeça. Por outro lado, é preferível adormecer do que não fazer.

Criar ambiente pode ser uma boa ajuda: música, incenso ou aromatizadores, uma luz de vela a substituir a luz elétrica, por exemplo. Não há regras. A única regra é que se sinta confortável.

A musicoterapia e a aromoterapia, aliadas à meditação, aumentam os resultados.

Música relaxante, frequências solfaggio ou música clássica são boas escolhas para meditar. Escolha a música com que se sente bem.

Difusores ou incensos também podem ajudar a relaxar.

Posição do corpo

Sente-se confortavelmente, de costas direitas e pernas à chinês. Pode sentar-se num sofá e colocar uma almofada nas costas, desde que garanta que fica com a coluna direita. As pernas não precisam ficar presas uma na outra. O mais importante é que se sinta confortável. Pouse as mãos nos joelhos (ou nas pernas), com as palmas viradas para cima.

Em alternativa, deite-se de costas, os braços ao lado do tronco, as mãos com as palmas viradas para cima.

Tenha em consideração que nesta posição é possível que adormeça e essa não é a intenção.

Leia toda a descrição de cada meditação antes de começar. É importante que perceba e não que me siga, como se lhe estivesse a escrever um manual de instruções. Aquilo que é bom para mim, pode não ser bom para si.

Limito-me a tentar guiá-lo, ou melhor, tento que encontre à sua maneira, uma forma de meditar e se o meu exemplo lhe servir, ótimo.

Deverá entender que como resultado deverá conseguir relaxar completamente e começar a vibrar uma energia positiva. Se o conseguir a fazer o contrário do que lhe digo, ótimo também.

Conseguir atingir um estado de equilíbrio físico, mental e emocional é o que deverá conseguir alcançar com a continuação.

Uma forma simples do seu corpo responder aos estímulos pedidos é recebendo ordens. O cérebro está habituado a fazê-lo e desempenha bem essa função. Então, mentalmente, vá dando as ordens ao seu cérebro, para que o corpo obedeça.

Eu vou descrever uma meditação guiada, adapte-a a si. Se esquecer alguns passos não faz mal, isto não é um concurso, é uma aprendizagem.

Se sentir que não conseguiu da primeira vez, releia a minha descrição e da próxima vez vai ver que já vai correr melhor. Tenha paciência consigo. Não fique ansioso. A ansiedade é precisamente o que não quer sentir.

Foque-se nos objetivos, nunca nos problemas:

Se está doente, não afirme que quer ficar sem a doença, mas antes que é saudável. Por incrível que possa parecer, o cérebro, que é o órgão que comanda tudo no seu corpo, não sabe distinguir ficção de realidade e quando afirma que é saudável, ele despoleta mecanismos de cura.

Nas páginas seguintes estão exemplos de meditações, como eu faço, podem ou não ser boas para si. Sempre que sentir necessidade, altere os comandos mas sempre de forma positiva.

Se no início se sentir impaciente e não conseguir meditar, não faz mal. Entenda que isso é perfeitamente normal, não está habituado. Obrigue-se a ficar imóvel o tempo todo que definiu, é uma forma de dizer ao seu cérebro que é você quem manda.

Meditação diária para equilíbrio de Corpo, mente e espírito

Encha o peito de ar, prenda a respiração, aguente e solte, devagar.

10

Vai começar a relaxar. O seu corpo começa a libertar as tensões.

Inspire, prenda o ar, aguente. Com calma.

Agora expire.

9

Os músculos relaxam. Sente os musculos de todo o seu corpo a relaxar.

Encha o peito de ar, prenda a respiração e solte. Devagar.

8

Está cada vez mais relaxado.

Inspire profundamente. Expire.

7

Está a ficar muito calmo e sabe que está tudo bem.

Inspire mais uma vez, profundamente. Expire.

6

Concentre-se na música e serene.

Inspire devagar e expire.

5

Relaxe os músculos do rosto. Sinta todos os músculos a relaxar.

Volte a inspirar e a soltar o ar.

4

Sente-se calmo, muito calmo e tranquilo.

Inspire e expire novamente, muito devagar.

3

Sente-se muito bem.

Inspire. Expire.

2

Está completamente relaxado neste momento.

Inspire e expire .

1

Como foi o seu dia? Responda-me muito devagar.

Ordene as suas ideias. Responda com muita calma.

Responda mentalmente à sua própria pergunta. Se só tiver coisas más para contar, não faz mal. Você está aqui para se equilibrar e não há equilíbrio sem desequilíbrio.

Conte-me as coisas boas do seu dia, só as boas. Com muita calma. Temos muito tempo.

Responda mentalmente à sua pergunta. Comece a pensar em todas as coisas boas que lhe aconteceram.

O que tem para agradecer pelo dia de hoje?

Agradeça tudo o que se lembrar. Responda devagar. Você tem tempo. Lembre-se que vai ficar quieto por um bom bocado. Este momento é só seu. De certeza que tem muitas coisas para agradecer:

Tem trabalho? Agradeça.

Tem filhos saudáveis? Agradeça.

Tem saúde? Agradeça.

O vizinho do lado foi simpático consigo? Agradeça.

Fez uma boa ação? Agradeça.

Foram ingratos consigo? Agradeça.

Você sabe o que é a gratidão e pode ser grato, está a sê-lo.

Tem casa para morar? Agradeça.

Sente-se seguro? Agradeça.

Tem amigos? Agradeça.

Foi elogiado? Agradeça.

Tem pouco para agradecer? Agradeça estar à procura de um caminho. É sinal que reconheceu precisar de ajuda. Agradeça.

Na verdade, tem muito para agradecer, não é verdade? Por muito má que lhe pareça a sua realidade, há sempre coisas para agradecer. Vibre essa gratidão, agradeça de coração todas as coisas boas que tem na vida. Ao agradecer está a atrair mais e melhor e você sabe isso.

Sinta-se bem com a felicidade dos outros, com a abundância dos outros. Agradeça tudo de bom que se lembrar.

Tratastou-se bem hoje? Alimentou-se bem? Bebeu água? Tratou bem os outros?

Medite sobre o bem que se fez, a si e aos outros. Se fez coisas desagradáveis, perdoe-se.

Está tudo bem. Amanhã vai fazer melhor. Está mesmo tudo bem. Está a esforçar-se.

Acredite, está rodeado de energias boas, de amor, de cura, de sabedoria.
Você é importante. É muito capaz.
Você é especial. Você é amado.

Repita mentalmente:
Agradeço porque EU SOU importante. Eu sou parte do Universo e o Universo é importante. Eu sou importante.
Agradeço porque Eu sou capaz. Tudo, absolutamente tudo é possível. Eu sou capaz.
Agradeço porque Eu sou especial. Todos somos diferentes mas todos somos especiais. Eu sou especial.
Agradeço porque Eu sou especial. Se eu estou aqui é porque mereço e sou especial. Eu estou sempre a aprender e a crescer. Eu sou especial.
Agradeço porque eu sou amado. O amor é a maior força que existe no Universo e eu também sou essa energia. Eu sou amor. Eu sou amado.

Eu desejo receber este amor do Universo, esta energia imensa.

Agora imagine que uma luz muito clara começa a descer pela sua cabeça e o envolve, como se fosse um abraço muito caloroso. Sinta o amor do Universo a envolvê-lo.

Agradeça o amor do Universo.

Agora devolva esse amor ao Universo e a todos os seres, mesmo os que lhe fizeram mal.

Deseje que o seu amor os cure, como o está a curar a si.

Imagine que a energia de cor clara que o envolve começa a crescer, a expandir. Torna-se cada vez maior. Cresce tanto que ocupa todo o espaço ao seu redor. Continua a crescer e ocupa toda a casa. Cresce, cresce, espalha-se pelas ruas, ocupa todo o bairro. Cresce mais, expande-se tanto que envolve o planeta.

Sinta essa energia de amor a sair de si e a envolver o planeta.

Sinta o amor a fazer milagres.

Você é Amor.

Agradeça. Sinta a gratidão. Tem tanto, tanto para agradecer.

Você é Amor.

Fique alguns minutos concentrado apenas em enviar amor aos outros. Não se esqueça, tudo o que você envia para os outros, retorna a si ampliado.

Agora prepare-se para despertar.

Sente-se grato, feliz, leve, tranquilo, seguro.

Inspire e expire.

Sorria. A vida é boa.

Abra os olhos devagar.

Meditação para cura física

Encha o peito de ar, prenda a respiração, aguente e solte, devagar.

10

Vai começar a relaxar. O seu corpo começa a libertar as tensões.

Inspire, prenda o ar, aguente. Com calma.

Agora expire.

9

Os músculos relaxam. Sente os musculos de todo o seu corpo a relaxar.

Encha o peito de ar, prenda a respiração e solte. Devagar.

8

Está cada vez mais relaxado.

Inspire profundamente. Expire.

7

Está a ficar muito calmo e sabe que está tudo bem.

Inspire mais uma vez, profundamente. Expire.

6

Concentre-se na música e serene.

Inspire devagar e expire.

5

Relaxe os músculos do rosto. Sinta todos os músculos a relaxar.

Volte a inspirar e a soltar o ar.

4

Sente-se calmo, muito calmo e tranquilo.

Inspire e expire novamente, muito devagar.

3

Sente-se muito bem.

Inspire. Expire.

2

Está completamente relaxado neste momento.

Inspire e expire .

1

Repita para si, muito devagar: Eu estou muito calmo. Eu confio no universo.

Você tem muito tempo, não vai a lado nenhum agora.

Repita para si, com muita calma:

Eu sinto-me muito bem. Cada dia que passa me sinto melhor.

Eu sou a luz da transmutação.

Imagine uma luz lilás e dourada - pode escolher outra cor clara se fizer mais sentido para si - a descer do céu em direção à sua cabeça. A luz penetra pelo alto da sua cabeça e começa a espalhar-se pelo seu corpo.

Muito lentamente, imagine que essa luz, de cura, de saúde, de alegria, de vitalidade, de regeneração começa a entrar em cada uma das células do seu corpo.

Imagine que a luz, que é amor, sabedoria, felicidade, serenidade e todas as coisas boas que você consegue imaginar, ocupa agora todo o seu corpo.

Há tanta mas tanta luz em si, que visto do céu, você é apenas luz.

Repita mentalmente:
Eu Sou Luz.

Essa luz é amor.

Repita mentalmente:
Eu sou Amor.

Essa luz é saúde.

Repita mentalmente:
Eu sou saúde.

Essa luz é vitalidade.

Repita mentalmente:
Eu sou Vitalidade.

Essa luz é sabedoria.

Repita mentalmente:
Eu sou sabedoria.

Essa luz é bondade.

Repita mentalmente:
Eu sou bondade.

Essa luz é felicidade.

Repita mentalmente:
Eu sou felicidade.

Essa luz é alegria.

Repita mentalmente:
Eu sou alegria.

Essa luz é vigor.

Repita mentalmente:
Eu sou vigor.

Essa luz é bem-estar.

Repita mentalmente:
Eu sou bem-estar.

Essa luz é a perfeição do Universo.

Repita mentalmente:
Eu sou a perfeição do Universo.
Eu sou Perfeito.
Agradeço esta luz maravilhosa que ocupa todo o meu corpo, cada célula, cada órgão, cada parte de mim.

Agradeça essa luz que ocupa agora todas as células do seu corpo. Agradeça com muita emoção, com muito carinho, com muita confiança e fique assim, enquanto se sentir confortável a agradecer, a vibrar essa energia de gratidão.

Agora imagine-se numa praia - pode mudar o cenário para aquele em que se sinta mais feliz -.
Veja-se muito feliz.
Veja-se cheio de energia.
Veja-se cheio de saúde.
Sinta esse momento. Sinta com todo o seu corpo. Tente que esse momento dure o máximo possível.
Sinta, sinta muito.
Sinta a vitalidade, a força, a alegria, a saúde, o bem-estar.

Agora, com muita calma, prepare-se para despertar.

Sente-se grato, feliz, tranquilo.

Inspire e expire.

Sorria.

Sente-se tão bem.

Abra os olhos.

Notas finais

Você pode meditar para atrair tudo aquilo que quiser e esteja certo que, se for pedido com o coração, obedecendo às Leis do Universo, o seu pedido será atendido.
Não crie ansiedades, confie. Tudo tem o seu tempo. O Universo precisa de tempo para fazer acontecer e a ansiedade e o desespero são manifestações de medo, que atrasam a materialização dos seus desejos.

Nunca se esqueça de agradecer. Dar valor ao que se tem é uma boa forma de vibrar abundância, é dizer ao Universo que se sente feliz com o que a vida lhe deu mas que já está pronto para receber mais.

Faça sempre a meditação diária. Adicionalmente pode atrair para si o que quiser com outras meditações.
Livre-se de crenças limitantes, não há impossíveis no Universo.

Se quer dinheiro, imagine-se, como num filme, a fazer as coisas que mais gosta e a ter dinheiro para o fazer. Não se preocupe, não questione de onde virá o dinheiro, o Universo sabe o que faz.

Se quer um amor, imagine-se muito feliz e apaixonado, a viver em harmonia ao lado de alguém que é perfeito para si. Não se preocupe, não questione onde irá encontrar essa pessoa, o Universo encontrará uma maneira de a colocar na sua vida.

Se quer um trabalho, imagine-se a trabalhar, a fazer o que gosta, muito feliz e realizado.

Se quer reconciliar-se com um amigo ou familiar com quem não fala, imagine-se ao lado da pessoa, muito felizes, muito divertidos, muito bem um com o outro.

Não traga para a imaginação os problemas que quer ver resolvidos. Foque-se nas soluções. Imagine o final da história e confie que o Universo fará o resto.

E saiba, acima de qualquer coisa, que o Universo é Amor e só quer o seu bem. Tudo aquilo que o Universo lhe enviar é para o seu bem.

Escolha ser feliz.

Printed in Great Britain
by Amazon

62684254R00078